QUARTO

QUARTO
Natália Cristina

TEMPORADA

Copyright © 2023 by Editora Letramento
Copyright © 2023 by Natália Cristina

Diretor Editorial Gustavo Abreu
Diretor Administrativo Júnior Gaudereto
Diretor Financeiro Cláudio Macedo
Logística Daniel Abreu e Vinícius Santiago
Comunicação e Marketing Carol Pires
Assistente Editorial Matteos Moreno e Maria Eduarda Paixão
Designer Editorial Gustavo Zeferino e Luís Otávio Ferreira
Revisão Ana Isabel Vaz
Capa Fábio Brust
Diagramação Isabela Brandão

Todos os direitos reservados. Não é permitida a reprodução desta obra sem aprovação do Grupo Editorial Letramento.

Dados Internacionais de Catalogação na Publicação (CIP)
Bibliotecária Juliana da Silva Mauro – CRB6/3684

C933q   Cristina, Natália
Quarto / Natália Cristina. - Belo Horizonte : Letramento, 2023.
104 p. ; 21 cm. - (Temporada)
ISBN 978-65-5932-402-6
1. Poesia. 2. Sentimentos. 3. Introversão. 4.Pensamentos. I. Título. II. Série.
CDU: 82-1(81)   CDD: 869.91

Índices para catálogo sistemático:
1. Literatura brasileira - Poesia 82-1(81)
2. Literatura brasileira - Poesia 869.91

LETRAMENTO EDITORA E LIVRARIA
Caixa Postal 3242 – CEP 30.130-972
r. José Maria Rosemburg, n. 75, b. Ouro Preto
CEP 31.340-080 – Belo Horizonte / MG
Telefone 31 3327-5771

É O SELO DE NOVOS AUTORES
DO GRUPO EDITORIAL LETRAMENTO

—

Sejam bem-vindos ao meu quarto! Ele é bem modesto, bem simples e é azul. É o meu refúgio, é onde descanso, é onde penso, onde me divirto praticando os meus hobbies, é onde posso ser eu na mais pura e simples essência.

Pouquíssimas pessoas foram convidadas a entrar no meu quarto até hoje e se você chegou até aqui, sinta-se lisonjeado; pois você é importante para mim. Dentro do meu quarto, além da cor azul e da simplicidade, você verá muita bagunça: uma imensidão de sentimentos que até então estavam trancados atrás dessa porta que você acabou de abrir.

Penso demais, sinto demais, porém sou tímida e calada demais; então, a forma mais fácil que achei para as coisas saírem de mim foi escrevendo, sentadinha aqui dentro do meu quarto. Então agora que entrou, você lerá textos em variadas formas e de variados assuntos, vindos de uma mente bagunçada dentro de um quarto bagunçado.

Sinta-se à vontade. Pode tirar os sapatos e se sentar na minha cama. Não me importo.

A escrita é a pintura da voz.
Voltaire

Não tenho mestrado e nem doutorado
talvez eu ainda seja uma caloura na vida
não ligo pra métrica
não ligo pra rimas
só quero seguir o caminho
e se eu consegui chegar até você
saiba que o meu abraço é fraterno
Natália

— Folha — 13

— Vento — 14

— Água e vinho — 15

— Silêncio — 16

— Cheiros — 17

— Expectativa — 18

— Pessimista — 19

— Desistir — 20

— Felicidade — 21

— Despeito — 22

— Despertador — 23

— Trivial — 24

— Você — 25

— Sensível — 26

— Despedida — 27

— Socorro — 28

— Simplicidade — 29

— Amor — 30

— Adesivos de caderno — 31

— Chuva — 32

— Inocência — 33

— Vazio — 34

— Vida — 35

— Confiança — 36

— Epifania — 37

— Transbordar — 38

— Ser e estar — 39

— Aquela Música — 40

— Desculpas — 41

— Mudança — 42

— Frio — 43

— Sofrimento — 44

— Fome — 45

— Fardo — 46

— Posse — 47

— Avós — 48

— Amargura — 49

— Ímpar — 50

— Me chama — 51

— Combinação — 52

— Esvair — 53

— Boca — 54

— Ainda — 55

— Demonstre — 56

— Máquina — 57

— Sinceridade — 58

— Peculiaridades — 59

— Canto — 60

— Dificuldade — 61

— Remédio — 62

— Quarta-feira — 63

— Liberdade — 64

— Nostalgia — 65

— Decepção — 66

— Dores — 67

— Pistas — 68

— Perfeição — 69

— Só — 70

— Medo — 71

— Ansiedade — 72

— Bolo — 73

— Peça — 74

— Nó — 75

— Correria — 76

— Riscos — 77

— Lar — 79

— Alfa — 80

— Cicatrizes — 81

— Angústia — 82

— Votos — 83

— Dias — 84

— Céu — 85

— Isolamento — 86

— Paciência — 87

— Sinais — 88

— Sentidos — 89

— Signos — 90

— Sono — 91

— Convicta — 92

— Crise — 93

— Eu — 94

— Falta — 95

— Culpa — 96

— Lar — 97

— Idiota — 98

— Tchau — 99

A vida da folha é tão curta!
Nasce e logo murcha
murcha e logo seca
seca e logo cai
mas pelo menos assim,
tão rápido quanto as alegrias
o sofrimento se vai

— Folha —

Se tudo que tem vida
tem também movimento
existe algo mais vivo que o vento?
e quem disse que o vento
não tem sentimento?
ora carinhoso, ora violento
acho que como a gente
ele se deixa levar pelo momento

— Vento —

"Aos que gostam de mim, me desculpem.
Mas estou farta e decidida.
Vou-me embora daqui,
não sei pra onde, mas vou.
Estou cansada da rotina.
É como comer arroz com feijão:
Ora o feijão por cima do arroz, ora por baixo,
mas no fim, o gosto é sempre o mesmo.
Não adianta.
É todo dia a mesma coisa.
A mesma casa,
o desenho que olho fixamente no azulejo do banheiro
enquanto tomo o meu banho às 18 horas.
Não tenho mais vontades,
nem expectativas.
Preciso deixá-los e ir."

E assim se foi Aurora, para o seu quarto de cor azul,
dormiu por horas e no outro dia já não parecia se
lembrar de mais nada que havia falado para a família
na noite anterior, durante o intervalo da novela.
No outro dia, acordou às 10 horas, como de costume, com
o barulho da panela de pressão; e comeu um belo prato de
feijão pagão com alho e óleo, como se fosse a comida mais
diferente e saborosa do mundo, com a fome de um mendigo.
E ao ser perguntada pela avó se já tinha decidido para
onde iria e quando partiria, Aurora diz animadamente:

- Ahh, vó... não leve em conta tudo que digo!

— Água e vinho —

Se alguém encontrar o silêncio
mande lembranças, por favor,
e diga que o espero humildemente
pra me acompanhar no café
e ler um livro daqueles
de romance sem amor
mas diga bem baixinho
quase cochichando
senão ele vai embora
e para encontrá-lo de novo
só Deus sabe quando.

— Silêncio —

Cheiro e memória são duas coisas intimamente ligadas para mim. É estranho pensar em cheiros e senti-los no pensamento, parece algo impossível, mas isto acontece comigo com frequência e acredito que aconteça com todos, se você ainda não sentiu, pode ser que ainda não tenha reparado: é só fechar os olhos e, quando as cenas do passado vêm no pensamento, o cheiro daquele momento estará lá.

Os cheiros mais marcantes para mim são os cheiros da minha infância: lembro-me das quintas-feiras à tarde em 1994 e sinto o cheiro do pão caseiro da minha mãe assando no forno.

Me lembro das tardes na escola e sinto o cheiro de dentro da minha lancheira, aquele cheiro de vários lanches da semana inteira se misturando lá dentro, até chegar o final de semana para ela ser lavada e os cheiros se renovarem na segunda feira.

Penso nos finais de semana divertidos de 1995, o ano em que ganhei uma piscina, e me vem o cheiro do seu plástico azul com a água limpa lá dentro.

Penso nos meus melhores amigos e as incessantes horas em frente ao videogame e sinto o cheiro da casa deles, e sinto também nosso cheiro de suor quando penso nas nossas brincadeiras na rua. Penso nas nossas brincadeiras de escolinha e me lembro do cheiro do estojo de madeira e dos lápis de cor exalando aquele cheiro de madeira cortada.

Nosso olfato nos permite sentir até 10 mil cheiros. De todos os que senti até hoje, os cheiros mais memoráveis são os do meu pensamento. Já cheirei um perfume francês, certa vez, e digo com propriedade: não há perfume, nem mesmo um francês, que se compare aos cheiros da minha infância.

— Cheiros —

O sorvete de lichia
que pelo nome encantador da fruta
de ansiedade me enchia
em querer provar o gosto
só de olhar já me enojei
do sabor suposto

A expectativa e a euforia
de querer demais
algo que não se tem
nos faz experimentar
a momentânea alegria
de algo que naquele momento
não nos convém.

— Expectativa —

A senhora pessimista
só vivia reclamando
só vivia lamentando
até que um dia resolveu
ir ao oculista
e descobriu
que tinha um grave problema
de ponto de vista.

— Pessimista —

Já desisti de ir para uma festa
já desisti de malhar
já desisti de fazer um curso
já desisti de ler um livro
já desisti de falar algo
já desisti de vestir uma roupa
mas de todas as desistências da vida
não há uma que me deixe mais frustrada
que ter que desistir de uma pessoa

— Desistir —

A felicidade é mentirosa
diz que vem para morar,
mas bate na porta, entra,
só toma um chá e vai embora.
Não acredito na felicidade.

— Felicidade —

"Você vai conseguir, *tá fácil!*"

Disse ela, aquela que nunca tentou ir além, por ter medo.
E disse que *tá fácil*
só pra não ter que dizer *"você é boa e é capaz"*
e assim se sentir melhor e menos culpada
por estar sempre onde está.

— Despeito —

Triste mesmo é o despertador
que acorda todo mundo
numa euforia
chamando pra vida
chamando para o dia
faz esse grande favor
e só recebe ingratidão:
é o chato barulhento
que tira o sono profundo
e só desperta a dor
de ter que enfrentar o mundo.

— Despertador —

Parece tão fácil pra você
lidar com a minha hipotética ausência
como quem descarta roupas e sapatos velhos
e sai pra comprar novos bem feliz
caminhando pelo centro da cidade
no dia seguinte
não sei se isso é real ou se é só um muro
não sei se você choraria
se perderia o apetite
a vontade de sair de casa
o interesse em outras mulheres
por se lembrar de mim quando olhasse para o vazio
no espaço físico e no sentimental
eu achava que sabia
mas não sei o que estou deixando na sua vida
já que seria tão fácil não me ter nela
não quero sair,
mas em alguns momentos não sei se estou

— Trivial —

Te cheiro
e sinto o melhor perfume
Te leio
e aprecio os melhores versos
Te toco
e ouço a melhor canção do mundo.
Te abraço
e percebo que é em você que eu quero estar.

— Você —

Tenho o dom de ser sensível
e chorar por qualquer motivo
há quem diga que é uma dádiva
já eu, acho que é castigo.

— Sensível —

Atracou seu barco em meu porto
andou na minha costa
nadou no meu mar
depois partiu
e não pude fazer nada
pois sou só um porto
seguro e firme
que sabe que o mar é grande e navegável
mas que também é revolto
e que em meio à ira das ondas
os barcos vão
mas acabam voltando
para o meu porto
seguro e firme

— Despedida —

Tem gente que acha que quando a gente é forte
a gente é como ferro, a gente é como pedra
pode bater, pode ofender, pode culpar
que vamos dar a volta por cima
e pedir desculpas sorrindo
talvez, por algo que nem temos culpa
que simplesmente aconteceu,
porque tinha que acontecer
jogam um fardo pesado na gente
e no meio disso tudo a gente se pergunta:
E eu?
Como fico no meio disso tudo?
Afinal de contas, ferro enferruja e pedra lasca.
E seres humanos se machucam emocionalmente,
mas ninguém vê, porque não é ferrugem nem faltam
pedaços *visíveis*. E o que a gente mais quer é um ouvido
emprestado, um abraço e palavras acolhedoras.
Mas ninguém sabe, porque não vê.

— Socorro —

Eu não tenho dinheiro
mas podemos passear nos dias de sol
em parques e jardins e fazer piquenique
podemos, também, caminhar
e andar de bicicleta juntos
se quiser, rachamos a gasolina
para irmos até o mirante lá naquela serra
para vermos o céu de pertinho
Eu não tenho glamour
não me interesso em frequentar
restaurantes e bares do centro da cidade
prefiro o pastel da feira, até
a propósito, o seu quarto simples
com sua cama de solteiro
e suas manias expostas
por todas as paredes e prateleiras
é o lugar mais instigante e prazeroso
no qual já estivemos juntos

— Simplicidade —

Não era só carne
era entrada
prato principal
e sobremesa,
percebi isso
desde a nossa primeira vez:
nos abraçamos
nos beijamos
e conversamos
sobre a vida
antes de começarmos
tudo de novo

— Amor —

Marília, apesar da idade, ainda gosta de comprar cadernos com os seus personagens favoritos estampados na capa, principalmente por causa dos adesivos. Adesivos, que ao invés de serem usados ficam lá, sem nunca serem destacados e colados em lugar algum, pois a cada tentativa de arrancá-los surge um sentimento inexplicável, uma espécie de medo de se arrepender por gastar os adesivos; um apego sem sentido por papeizinhos autocolantes.

Marília arranjou um namorado.

E ela é do tipo que ainda escreve cartas de amor.

O caderno favorito da Marília é um do Snoopy que ela comprou há três anos e estava com os adesivos intactos até que ela arranjou o tal namorado.

A cada carta de amor os adesivos iam sumindo do caderno. E na última carta que Marília escreveu, confortavelmente deitada de bruços em sua cama, Marília colocou uma observação no rodapé:

"Se eu gasto os adesivos do meu caderno que comprei há três anos e até então estavam intactos, colando nas cartas que escrevo pra você, é porque eu te amo de verdade mesmo, meu amor!"

E assim, fechou a carta com um adesivo enorme em formato de coração, com uma estampa em que Snoopy e Charlie Brown estavam abraçados, pensando no abraço que ia dar e receber no outro dia, em vez de pensar na falta dos papeizinhos autocolantes.

— Adesivos de caderno —

De tanto falarem
que o tempo estava feio
ele chorou

— Chuva —

Leio livros
de romance
de poemas
contos variados
leio olhares
olhos pretos
marrons
azuis e verdes
e de tanto ler
sei de muita coisa
sei da vida dos meus personagens favoritos
e pelo olhar
sei quando alguém está triste
com raiva ou até com fome
mas uma coisa que eu não sei
é o porquê de eu insistir
em acreditar em todo mundo
espero um dia
ser pelo menos
como Belchior que
sabia de tudo na ferida viva do coração
e de tanto me machucar
e de tanto errar
aprender o que devo fazer ou não

— Inocência —

Acordei ofegante e inquieta
precisava me distrair
e de algo na mão.

Tomei café
varri a casa
molhei o jardim
e de nada adiantou.

Não tomei juízo
não varri meus pensamentos ruins
não molhei meu coração
e o dia acabou.

— Vazio —

A vida é assim
quando temos tempo, não temos dinheiro
quando temos dinheiro, não temos tempo
quando estamos vivos
estamos cansados demais
pra sairmos e aproveitar a vida
quando estamos mortos
estamos descansados o bastante
mas já não há vida pra aproveitarmos
e nesses extremos, de uma ponta até a outra
se olharmos no meio
lá estamos nós
como realmente somos
na mais pura essência
escondidos entre
o tempo, o dinheiro, o cansaço e o descanso
sentindo tudo a vida indo e a morte vindo
prestes a cair no poço da demência.

— Vida —

Confiança.
fiança.
ança.
ça.
.

Vai diminuindo até chegar num ponto final.

— Confiança —

Naquela manhã de 1991, ela acordou pensando nele. Colocou aquele vinil dos Smiths, o preferido dela, e no café da manhã, tomando uma bebida quente de morango, ela viu que estava se sentindo só.

Era início de outono, sua estação preferida; céu azul, um sol nem quente e nem frio, e um vento bom não muito forte, mas forte o suficiente que logo quando ela botou o pé direito pra fora de casa calçando um All Star sujo e ele lhe bateu no rosto, ela percebeu que estava sentindo falta de alguém que nunca havia visto e de um amor que nunca existiu. Ela estava sentindo falta de alguém que só ocupou um espaço, um espaço que depois ficou vazio e nada mais que isso.

O All Star que já estava sujo ficou mais sujo ainda, pois naquele dia ela andou e andou muito, mas não pra procurá-lo, e sim para se encontrar. Sentiu a endorfina aliviando o seu cérebro e quando voltou para casa, notou que estava feliz e tranquila com os seus vinis e sua vitrola; deitou no chão da sala, um chão de taco bem encerado, pois ela sempre limpava a casa impecavelmente, e ao som de "Enjoy The Silence" do Depeche Mode, viu que tinha aquilo tudo ali só para ela, e que não era com qualquer um que ela iria compartilhar.

Não era qualquer um que iria romper aquele silêncio.

— Epifania —

Mais natural que limonada
é o sentimento que vem do nada
e te faz explodir
seja de chorar ou de dar gargalhada
e faz tão bem pra saúde
quanto uma laranjada sem açúcar e mal coada

— Transbordar —

Amora leu um pensamento sobre sermos nós mesmos, se identificou no ato e começou a pensar sobre si:

– Ando tropeçando, falo coisas sem noção, choro muito e rio muito, um humor peculiar, bem boba. Não sei comer usando os talheres corretamente, gosto de beber em copo de requeijão e caneca. Não sei dançar, nem cantar. Não sei usar salto alto, tenho preguiça de fazer as unhas, corto igual de criança, só pra não ter que fazer mesmo. Gosto de macarrão com feijão. Prefiro Guarapan a Coca-Cola. Não acho que dinheiro é o mais importante e se um dia eu ficar rica prefiro gastar com comida que com bolsas e sapatos. Gosto mais das minhas cadelas do que de um monte de gente, não considero que tenho amigos leais como elas. Amo ficar sozinha e preciso disso, às vezes. Sou jovem e odeio sair. Não ouço músicas da moda, e muito menos Caetano ou Chico Buarque, os acho uns chatos. Vejo filmes que muitos nem sabem que existem e sinto falta de épocas que nem vivi. Escrevo coisas aleatórias pra me aliviar, porque não gosto de conversar. –

E assim, Amora viu que valia a pena lutar pelo direito de ser quem é, pois desde que passou a se gostar, agir como ela achasse que deveria agir e se aceitar, ela se sentiu muito bem e melhor que antes. Ela se sentiu muito orgulhosa de si quando viu que já não tinha aquela preocupação adolescente de ter que ser como os outros.

Agora ela não só preenche um lugar, pois ela é e está.

— Ser e estar —

Eu não me importava com aquela música,
que por sinal sempre passou
despercebida aos meus ouvidos,
apesar de me soar bem, até o dia em que a ouvimos juntos
naquela tarde de domingo abraçados e deitados na cama.
É um sentimento como o da raposa
que ao ser cativada pelo Pequeno Príncipe
de cabelos cor de ouro
lembra-se dele ao ver o trigo dourado balançando
pois desse dia em diante ouço essa
música e me lembro de nós.

A música é o meu trigo e você é o meu príncipe.

Estou ouvindo ela agora, bem na parte que diz:
"Pinta os lábios para escrever a tua boca em minha..."
E numa mistura de saudade e vontade
ansiosamente espero o dia de te ver
para poder escrever minha boca em você.

— Aquela Música —

Me desculpe pelos meus vacilos e minhas palhaçadas
muitas vezes sem graça, mas que você se vê obrigado
a dar um risinho nem que seja de canto da boca.

Me desculpe pelas minhas insanidades e exageros
e por te deixar entre dois extremos
perdido lá no meio tentando chegar a algum lugar.

Me desculpe, também, por rir demais e chorar demais
às vezes tudo em um só dia, e você, sem saber como lidar
só te resta rir junto comigo ou me consolar.

Me desculpe pela falação e pela euforia
seguidas pelo silêncio e por um hiato
que às vezes dura dias
e você fica triste e pensativo querendo
encontrar uma razão para aquilo tudo.

Me desculpe pelos transtornos.
Mas, é que com você eu posso *muito* ser eu mesma
sem fingir nada.

Sem medo e sem vergonha de mostrar
o que tenho de melhor e de pior
mesmo que às vezes você não entenda nada.

Até porque nem eu mesma entendo.

— Desculpas —

Não sou mais aquela.
Sou esta.
Esta que necessita se apresentar novamente:

Não sou mais aquela que
chorava por qualquer pormenor
mas sou esta que abstrai

Não sou mais aquela que
temia e tremia
sou esta, que está segura e firme

Não sou mais aquela que
fazia de tudo para agradar
sou esta, que faz o que cabe ser feito

Não sou mais aquela
que se achava pouco e incapaz
sou esta, que chegou onde está e ainda quer mais

Não sou mais aquela
que todos podem falar com ela o que quiser
sou esta, com uma cerca de arame farpado
em volta do corpo e da alma
e que por ela nada e nem ninguém trespassa

Não sou mais aquela
sou esta.
Me apresentei novamente
não que eu esteja tão diferente
é que antes, mesmo sabendo de tudo
deixava tudo acontecer
e agora só botei pra fora
é aquilo que chamam de amadurecer

— Mudança —

Eu tô com frio no verão
o céu azul
o sol queimando
mas eu estou com frio no verão
minhas mãos e meus pés estão gelados
estou tremendo mesmo embaixo das cobertas
é que a sua frieza me deixou assim
com tanto frio
que nem a inclinação da Terra
aproximando nosso hemisfério do sol
me faz sentir calor
em meio às palavras frias
que saíram da sua boca

— Frio —

"Sinto muito"
Disse ela.
Mas não era um pedido de desculpas
e nem palavras de consolo para alguém.
Era um desabafo.
Um desabafo de alguém
que sofre demais.

— Sofrimento —

Eu sinto dois tipos de fome constantemente
e as demais pessoas também:
fome de comida, das mais calóricas
fome de amor, dos mais calorosos
só que a maioria das pessoas
tem medo de comer.
No primeiro tipo
por medo de engordar
e no segundo, por medo de sofrer
já eu, tenho o metabolismo bem acelerado
e o meu coração, não é nem um pouco
pessimista ou apavorado.

— Fome —

Não queria ter pego essa responsabilidade
que é carregar esse meu corpo
só não me livro dele
porque não tenho certeza
de para onde vou depois
um fardo pesado
tanto quanto a cruz de Jesus
uma casca de fruta
machucada e manchada
em um túnel sem fim e sem luz

— Fardo —

Eu odeio a sensação
de corda se arrebentando
quando você está distante.
É como deixar um balão de gás escapar
ficar olhando ele ir e não poder fazer nada.
não me concentro se não te encontro
na hora e no lugar de costume
penso no que fiz de errado
pra você querer sumir assim
não consigo me lembrar de nada
e simplesmente compreendo
que você não é meu
assim como ninguém é de ninguém
todo mundo se vai
seja pela vontade de partir
seja pela morte que um dia vem

— Posse —

Quem tem avós sara rapidinho
de qualquer mal ou doença
pois eles sempre dizem
"Deus te abençoe"
quando a gente pede "bença"

— Avós —

Pelas coisas ruins que vejo
me fecho por inteiro
que perco até o desejo
de me desabrochar
das coisas da vida
sinto preguiça
até mesmo quando
ela me convida para dançar
no meu corpo
só uma luz permanece acesa
é a luz da amargura
que com toda destreza
segue a me iluminar

— Amargura —

Frankenstein, Frankenstein
nunca me identifiquei
tanto com alguém
um filho
vindo ao mundo sem pedir
morto e vivo
ao mesmo tempo
diferente, julgado
incompreendido
soterrado em solidão
errante e perdido
Frankenstein, Frankenstein
o que você fez, doutor?
aqui lhe pergunta uma filha
que entende sua criatura
perfeitamente
e se tranca no próprio quarto
para ler romance gótico de antigamente

— Ímpar —

O cansaço persiste
o sono chega fácil
mas luto contra eles
para aproveitar
mais um pouquinho
as últimas horas do dia
leio pelo menos
cinco páginas
do meu livro de cabeceira
até você me chamar pra conversar.
A prosa gostosa da noite se inicia
e essa é a melhor parte do dia
valeu a pena ficar acordada
e te esperar

— Me chama —

Existem várias combinações perfeitas na vida
principalmente em se tratando de comida:

Queijo com goiabada
arroz com feijão
pipoca com guaraná
batata frita com catchup
e por aí vai...

Mas de todas as combinações
existe uma que sobrepõe
até mesmo o prazer do paladar:
É a perfeita combinação
de sentir muito desejo e amor
pela mesma pessoa

— Combinação —

A gente nasce tão bem
novos em folha
intocáveis
cheios de coisas pra fazer na vida
sem medo, sem preocupação, sem dor
mas ao longo dessa mesma vida
que sorria pra gente
aparecem pessoas, momentos, situações
que vão sugando tudo aos poucos.
É como começar a vida
com o máximo de pontos que se pode ter
como num jogo de videogame
e ir perdendo tudo
ao longo do percurso
até chegar no zero

— Esvair —

Quero te beijar
boca bonita, boca perfeita
desde a forma até a textura
e tudo o mais que sai dela:
sua voz grave e rouca
em palavras rebuscadas
sua língua molhada
seus dentes
e aquele tique
enquanto você fala
me sinto como
quando estou com fome
se penso em tua boca
e não tem nada melhor
para me tirar deste mundo
que sentir sua boca em mim
então, venha me beijar
e me tire daqui para junto de ti

— Boca —

Após um dia de céu cinza
numa noite em que as estrelas
eram projéteis, ela perguntou:

- E a poesia, onde fica em meio a tudo isso?
- Poesia não é só sobre alegria, meu
bem. – Uma voz respondeu.

- Então ainda podemos fazer poesia?
– Ela perguntou novamente.

E a voz: - Sim. Ainda não é proibido sentir.

— Ainda —

Cuida de mim
e quando peço isso
não quero que seja um super-herói
ou muito menos que seja como um pai
cuida de mim
só quero que me escute
que não minta pra mim, que não me magoe
não que você não possa cometer erros
mas já nos conhecemos há um tempo
e você já sabe de tudo que me alegra ou deixa triste
cuida de mim
se preocupe comigo e demonstre isso
me dê bom dia e boa noite, me dê presentes
não me refiro aos objetos caros
mas sim às cartas escritas à mão
flor apanhada da árvore da rua
cuida de mim, fica perto de mim, dorme comigo essa noite

— Demonstre —

Não satisfeita com o que a vida já lhe presenteara de bom, foi lá e se presenteou.

O ato de respirar e acordar em estado perfeito são motivos de gratidão, mas também são motivos para estar em atividade e querer sempre mais, afinal, uma máquina estragada não funciona, e se não funciona não há o que se fazer com ela.

Utilizando este estado perfeito em que se encontrava, acordou, se exercitou, saiu para a rua; comprou roupas e livros, mudou o cabelo, fez as unhas, comeu um salgado gorduroso com refrigerante.

Chegou em casa, viu o episódio de uma série e um filme; ligou para o rapaz de quem há tempos ela gostava e a resposta foi «sim». Tomou a iniciativa que precisava e tomou banho ouvindo «Mr. Jones» uma música de uma banda antiga, que ela não entendia a letra mas a "vibe" da melodia era tão boa que ela nem ligava pro resto.

Chegando em casa, já pela madrugada, se sentia tão viva e mais grata ainda pelo seu acordar e respirar e por tudo que fez naquele dia. Afinal, uma máquina só trabalha quando funciona bem, mas também não há motivo para funcionar se não existe algo a ser feito através dela. O respirar e o acordar são os sopros, são como o combustível para a máquina.

— Máquina —

Do alto da minha sinceridade
algumas palavras saíram
não eram rebuscadas e nem chulas
mas eram fortes o bastante
para todos se calarem
e se entreolharem
mas não percebi nada na hora
sei disso, porque me contaram

— Sinceridade —

O companheirismo que ela atribuía como qualidade na relação dela com as próprias plantas era bem sensato, visto que ninguém a entendia e ela também não entendia ninguém.

Entre ela e as plantas havia o regador e os equipamentos de jardinagem que nada mais eram que uma faquinha de pão e um garfo para amaciar a terra, ambos retirados da cozinha para uma nova missão.

Sobre não ser entendida nem entender ninguém, ela não fazia questão nenhuma que esse entendimento mútuo (ou não) acontecesse.

Ela preferia entender as plantas dialogando dia após dia até perceber a quantidade exata de água a colocar e se elas gostavam de sol ou não.

E ainda assim algumas plantas morriam, ela não entendia nada e ficava pensando por um tempo em como aquilo pode acontecer.

No fim, ela tirava de lição que cada ser, por menor que seja, é único, e tentar entender certos acontecimentos e ações é desperdício de tempo, pois tudo segue seu próprio curso independente de qualquer fator externo. E no entanto, seguia mais convicta ainda de que não fazia questão de ser entendida desejando que as pessoas passassem a cuidar mais de plantas em vez de cuidar das peculiaridades alheias.

— Peculiaridades —

Canto
no canto da boca
o beijo macio e molhado
no canto de um lugar qualquer
despistadamente
canto
pra você
e você pra mim
e seu canto me anima
mesmo desafinado

— Canto —

Tempestade
bonança
tempestade

Se reestabelecer
e cair de novo
subir dois degraus de autoestima
e depois, descer três

A paz e a alegria
seguidas de um balde de água fria

Começar do zero
e voltar para o zero
uma roda que gira e gira
um círculo
e não uma linha reta
que desenrola do carretel e vai

— Dificuldade —

Eu sou uma peça solta
que não consegue achar o lugar certo
pra se encaixar de volta
eu me sinto como a chuva
que chega na hora da festa ao ar livre
eu tenho medo de tudo e de todos,
tenho medo de catástrofes e tenho medo de gente,
tenho medo de andar sozinha, tenho ansiedade.

Mas em meio ao desencaixe, à minha peculiaridade
e meu desequilíbrio, seu abraço me acolhe
me encaixo perfeitamente nele
sinto que estou na hora e no lugar certo
com a pessoa certa e não sinto medo de nada.

Você é um poema em uma folha de jornal
em meio às notícias ruins
você é o meu remédio com gosto bom!

— Remédio —

Numa quarta-feira qualquer
resolvi dormir até mais tarde
fiz um almoço de domingo
usei batom vermelho
mesmo sem sair de casa
e depois quando saí
usei um vestido bonito
desses de usar no natal
só pra ir à padaria
o jantar foi pizza
e uma taça de vinho
tudo isso
em plena quarta-feira
um meio de semana
com luz e viço
pois não existe dia certo
para aquilo ou isso

— Quarta-feira —

Na crise da existência
sem saber porque eu vim
sem saber pra onde vou
percebo que nasci
pra ser como o vento
chego e passo
não fico
nem ocupo espaço

— Liberdade —

Mentiras que me contavam quando eu era criança:

Quando eu me machucava, diziam que minhas tripas sairiam pela abertura do meu machucado. Se eu engolisse um chiclete, ele agarraria no meu intestino e eu morreria. Se eu engolisse uma semente de uma fruta qualquer, nasceria um pé da tal fruta dentro da minha barriga.

Ah! Que saudade da minha infância!

Um mundo de mentiras leves e sono pesado!

— Nostalgia —

Se decepcionar é como se:
a única casa que você tem pra morar caísse
a única comida que você tem pra comer azedasse
a único amigo que você tem morresse
o único emprego que você tem te demitisse

Tudo sem você esperar e ao mesmo tempo.

E você se vê sozinha
em um mundo interior pós-apocalíptico
em que é a única sobrevivente, sem nada e sem
ninguém e ainda por cima, com dor no coração.

— Decepção —

– Afinal, o que é a dor física comparada à emocional?

Pensou assim a pessoa que morre de medo de agulha ao precisar ser furada nos dois braços para receber remédio na veia, e então, só fechou os olhos e virou o rosto. Mas chorou mesmo assim.

— Dores —

Hoje peguei um ônibus e na frente dele tinha um adesivo que dizia: "Feliz ano novo!"

Já dentro do ônibus, sentada olhando pela janela, vi um estande de revistas religiosas que no alto perguntava: "O sofrimento vai acabar?"

Achei bem interessante e pertinente, essas duas frases aparecerem assim nessa sequência na minha frente e de forma inesperada.

— Pistas —

Te vi andando na rua
e te achei tão bem esculpido
parecendo uma estátua grega
que fiquei te olhando
e pensando o quanto eu queria te tocar
e sentir suas formas dentro das minhas mãos.

Hoje, quando te tenho
e minhas mãos passeiam pelo seu corpo
exalto Dionísio de tamanho que é o meu prazer
em poder te tocar e ter você.

— Perfeição —

Não é aquele tipo de solidão que dói
é simplesmente uma vontade
de estar só, às vezes.
O que há de errado nisso?

Um quarto escuro, música tocando,
um filme ou nem isso
nada
ausência total
de qualquer barulho que perturbe
como pode alguém não ver felicidade nisso?

Não é impossível estar feliz sozinho
coisa nenhuma!
Impossível é estar feliz com os outros
se não é feliz nem com a própria companhia

— Só —

Quebrar algo
que já está quebrado
é reduzi-lo a pó
e a gente vai vivendo
pisando em ovos
escolhendo a paz e não a razão
desviando de tudo que possa ir nos quebrando
pra adiar ao máximo o dia
em que nem existiremos mais

— Medo —

Ansiosos
não têm sonhos
têm medos

— Ansiedade —

Não é que Noeme não goste de fazer aniversário. Afinal, quem não quer completar anos e mais anos de vida? Ela adora bolo, docinhos, coxinha, refrigerante e até enfeites infantis. O que ela não gosta no meio disso tudo é o fato de não ter a quem chamar pra passar esse momento com ela, já que quando ela estava triste, ninguém a procurou.

— Bolo —

A gente passa o dia trabalhando
dando o nosso suor
e os nossos braços para fazer algo pelos outros
e quando o expediente termina
e finalmente chegamos em casa
queremos fazer algo por nós
mas o cansaço e o sono não deixam
e quando nos damos conta
já estamos acordando de novo
com o alarme do celular
pra nos encaixar novamente
àquelas engrenagens
em troca da sobrevivência

— Peça —

Branca não via o porquê de pentear os cabelos. Inclusive, já passou um bom tempo sem se dar conta de que não tinha um pente em casa. Sempre dava só aquela ajeitada com os dedos, e com eles mesmos desembaraçava os fios na hora de lavá-los. Dava tudo certo e ficava bom, com ondas mais definidas e volumosos ou presos em um coque. Não se importava.

Em contrapartida, ela se importava muito com gente que a machucava, tentando consertar coisas que não estavam ao seu alcance e de que ela sequer tinha culpa, só para melhorar a situação angustiante.

Hoje, Branca tem um pente, mas ainda assim, se pega descabelada de vez em quando e não liga, pois se acha bonita assim, já que se conhece bem e sabe que seus cabelos são só um detalhe dentre uma infinidade de outros. E também porque tem coisas mais interessantes para fazer, e que por vezes a deixam descabelada de novo e o tempo gasto alinhando os fios seriam sempre em vão.

E pensando em como lida com seus cabelos passou a lidar assim com gente também. Deixar pra lá, fingir que não escutou e que não viu; agir como se fosse sem coração, sem pente. Não vale a pena tentar desembaraçar o nó que há nos outros se eles mesmos não o enxergam. Seria tudo em vão e além do mais, diferente dos cabelos que a deixam feliz mesmo desalinhados, com gente, ela só tenderia a se machucar mais e ficar doente.

— Nó —

É estranho pensar que pessoas estranhas, seja na faculdade ou no trabalho, te veem todo dia, e eu que sou o seu amor não posso ter essa regalia.

— Correria —

Ontem, ao ler algumas notícias ruins, fiquei imaginando o quanto deve ser ruim viver numa zona de risco; a qualquer momento ouvir um toque de recolher e ter que deixar tudo pra trás: um quarto confortável, as coisas de que se gosta, a essência do lar sem saber se vai poder voltar ou ver tudo em ruínas.

Hoje, acordei cedo, pensei na vida e considerando o jeito que ela é, me vi em uma eterna zona de risco em que só me resta agradecer a cada noite que me deito para dormir pelos dias já passados e torcer pelos próximos.

— Riscos —

Passar o café
pôr a mesa
lavar roupas
limpar a casa
fazer o almoço e o jantar
pôr a mesa de novo e de novo
todos os dias são assim
exceto pelas roupas
que são lavadas somente
duas vezes por semana
e no meio dessas tarefas
ainda há o prazer de regar as plantas
fazer quitandas dos biscoitos aos bolos
das tortas salgadas até as doces
para surpreender a família
e a si a cada receita desafiadora
ainda há o prazer também de se dedicar à arte:
fazer crochê, ouvir um rock and roll
praticar as partituras de bateria,
desenhar, ler, escrever...
e também ainda há o prazer de se admirar no espelho se
orgulhando de suas tatuagens e da mulher que se tornou

Assim é a rotina da dona de casa
que escolheu viver assim
em pleno século vinte e um
e que escuta comentários maldosos até
sobre sua escolha de vida
como se ela fosse uma mulher
retrógrada e boba
mas não liga, pois é feliz,
principalmente na hora de ensinar
o dever de casa para os filhos
e na hora que o marido dela chega em casa
e se abraçam
são as horas que ela mais gosta do dia

— Lar —

A menos que você realmente seja um cara de pau, não acho que foi você quem depositou esse bilhete dentro da minha bolsinha de lápis me convidando pra sair de novo.

A nossa primeira tentativa de um encontro romântico foi um desastre; desde o soco que te dei por impulso quando você foi me beijar e o seu "ai" inexpressivo quase robótico; até a exaustiva procura do seu carro em meio a tantos outros no estacionamento do shopping, por nenhum de nós dois lembrar do lugar em que o deixamos.

Mas se foi você que deixou esse bilhete, a resposta para o seu convite é SIM, pois adoro tudo que é inusitado e tô gostando de você.

— Alfa —

A cicatriz do corte na barriga
ainda coça e dá gastura
mesmo depois de três anos
daquela apendicite
a olho no espelho todos os dias
e ela me incomoda

Imagine, então
o que sinto a respeito
das cicatrizes do coração
a mais recente foi feita há uma semana
sabe o quanto elas me incomodam?

Com a diferença que não é coceira e nem gastura
é dor e mágoa
e não sei se vou conseguir continuar te olhando
todos os dias, dessa vez

— Cicatrizes —

A vida lá fora não está fácil
parece que tudo está ruindo
a gente busca refúgios
em manias, distrações, comida
se fecha no quarto
confortável e aconchegante
mas nada adianta muito
pois o cérebro, o coração
e o estômago latejante
não se deixam enganar

— Angústia —

Vou cantar pra você
mesmo sem saber
vou cozinhar pra você
mesmo sem ser gourmet
vou tentar te curar
mesmo sem ser médica
ou uma milagreira
vou fazer de tudo por você
mesmo que esse tudo não caiba
em uma tarde inteira
não sei se você vai gostar do meu canto
da minha comida
se vai sarar ou se vou dar conta
de tudo que quero fazer
mas se você quiser, temos uma vida toda pela frente
e posso ir tentando

— Votos —

Nem sempre eu gosto
dos sábados à noite
ou das tardes de domingo
às vezes gosto das terças-feiras de manhã
ou de qualquer dia que seja
sem nada de especial.
Dias são só dias
para o prisioneiro
mais um risquinho na parede
para alguns, um a menos
para outros, um a mais
para o calendário só um número
para mim, uma lacuna
a ser preenchida
com sei lá o quê

— Dias —

O céu é uma coisa linda
bonito de se ver
de qualquer jeito
azul, nublado ou preto
e a qualquer hora
de dia ou de noite
e além do mais
cobre a gente
um único teto
sem segregar
sem escolher
a quem abrigar
para o céu
somos todos iguais
irmãos em uma só casa
queria como os pássaros
ter o privilégio de ter asas
para poder voar
ficar mais perto desse céu
e descobrir se ele
é telhado
cobertor
ou véu

— Céu —

E eis que aquele introvertimento que tanto a fazia
ser diferente e deslocada em meio aos jovens da
sua idade finalmente teve sua maior serventia:
não sair de casa não a afetava nem um pouco.

Estar em meio à multidão nunca foi um prazer para
Noeme, ela sempre preferiu a companhia das suas
duas cadelas, seus livros e toda sua peculiaridade
que podia ser exposta sem medo dentro de sua casa
que ela chamava carinhosamente de caverna.

Abarrotar a geladeira de comida saudável, mas deixar um
chocolate na cabeceira da cama pra comer um pedaço de
vez em quando; cuidar das plantas, mas não pentear os
próprios cabelos; olhar roupas bonitas na internet, vestindo
confortavelmente um pijama o dia inteiro, todos os dias.

Não é que ela não se preocupe com o mundo
lá fora ou com o que pode acontecer.

É só uma questão de ponto de vista sobre o que
é liberdade e apreciá-la o quanto pode.

— Isolamento —

Pois lhe digo que tudo vai passar
e a leveza e simplicidade vão voltar
os encontros, os bares
as fotos no pôr do sol
no alto da serra.

Me diz no que posso te ajudar
para encontrar a alegria e a paz
nem que sejam momentâneas
pois lhe digo, também
que as coisas vêm e vão
mas o meu amor fica
e ainda quero
dividi-lo com você
em qualquer circunstância

— Paciência —

Gosto de olhar as estrelas
porque é como se
a vida dissesse sim para mim
a cada vez que elas piscam
é como se elas me aplaudissem
mesmo sabendo que
eu erro tantas vezes
pois de lá de cima
elas veem tudo
só que não julgam

— Sinais —

Me desperto com o som agradável
do dedilhado no violão
é aquela música que me dá paz
me levanto e meus ouvidos
seguem o som como o olfato
segue o cheiro da comida
porém o sentido que mais me presenteia
é a visão: te vejo ali sentado
tocando de olhos fechados
como se estivesse em transe
fora do mundo, fora de si
fico parada ali te observando
e meus olhos seguem todo o seu contorno
como se estivessem fazendo um recorte
vejo músculos se mexendo
mãos grandes, mas ao mesmo tempo
suaves naquelas cordas finas
vejo sua alma
alma que encontrou a minha
que aguça os meus sentidos
e os melhores sentimentos
sinto dificuldade em me conter
para não interromper o seu momento
mas o tato grita em mim de vontade de te tocar
então, me concentro em minha audição e visão
e quando a última nota ressoa
te tateio por inteiro em um abraço
te beijo e o meu paladar agradece
e todos os sentidos se convertem no maior sentimento:
o amor

— Sentidos —

Eu sou terra
você é ar
que me importam os astros
e o dia em que você nasceu?
Sopre forte em mim
e me leve com você

— Signos —

Dormir tem sido bom ultimamente
já que não ando tendo pesadelos
e tampouco sonhos
pesadelos são ruins por si só
um disparate no coração
após um abrir de olhos repentino
no meio da noite.
Já os sonhos, há quem goste
quando eles acontecem, mas para mim
são tão ruins quanto os pesadelos
porque ao acordarmos
somos golpeados pela frustração
de que nada era real.
Dormir é bom e melhor ainda
é ter algumas horas do dia
para descansar desse mundo

— Sono —

Não estou pronta pra receber um aumento,
pois não me acho boa o suficiente.

Sou perfeccionista.

Não me sinto pronta pra receber um elogio, ainda tenho que trabalhar muito minha autoestima pra não ficar desconcertada.

Não me sinto pronta para nada que tenho que enfrentar na vida. Tudo acontece no tranco mesmo; e às vezes dá certo, às vezes não.

Sou insegura, indecisa, tímida.

O que aconteceu ano passado foi engraçado, no sentido de que foi algo diferente; não que eu não tenha dado muita risada disso, mas de felicidade.

Te conheci em um dia e no outro já me sentia pronta: pronta pra ficar ao seu lado, pronta pra te tocar e beijar, pronta para o que desse e viesse.

E não me senti insegura e nem tímida.

Parece que eu já te conhecia há muito tempo.

— Convicta —

"Feia
torta
assimétrica
esguia
esquisita
mole
burra
inferior aos demais!"
Ela xingava e xingava
tinha vontade de pôr fim àquela existência
e ao final do pesado monólogo
saia da frente do espelho e ia chorar na cama

— Crise —

Queria ser sensata
e equilibrada
mas é sempre um exagero
misturado com absurdo
e já nem sei mais no que penso
e quem realmente sou
talvez uma louca
ou emotiva demais
talvez as duas coisas

— Eu —

Desde que você deitou na minha cama
não troquei mais o lençol
cheiro
me deito
abraço o travesseiro
me derramo no colchão inteiro
não que isso mate minha saudade
mas já me ajuda a passar melhor os dias
em que sua ausência me perturba

— Falta —

A vida não tem sido muito fácil desde que Noeme tomou uma decisão se colocando em primeiro lugar pela primeira vez na vida, pois por mais que ela tenha colhido muitas flores desde aquele dia, pensamentos negativos ainda retumbam em seu cérebro. Mas se tem uma coisa que acalma e inspira Noeme é a chuva. E hoje é um dia desses de chuvinha com aquele característico barulhinho bom. Olhando pra chuva e ouvindo sua melodia, Noeme pensou:

– A chuva, quando tem que cair, cai. Sem marcar data ou hora. Ela não deixa de cair porque alguém está sem guarda-chuva ou porque alguém não gosta dela, simplesmente segue sua natureza e alivia aquela nuvem pesada sem culpa. E assim devo ser eu daqui pra frente, chover sempre que tiver que aliviar a nuvem pesada da minha cabeça e do meu coração. Até porque, diferente da chuva, sei bem quem merece se molhar ou não.

— Culpa —

Seu peito é uma parede
firme e forte
onde me encosto
seja pra chorar
ou pra descansar
você é minha casa
seu abraço é o meu lar

— Lar —

Pensei em me autointitular "idiota"
pra você não ter o trabalho
de me fazer ser uma
mas como percebi que isso
é uma diversão pra você
simplesmente decidi ir embora
e nem precisei me autointitular
de "a mais feliz do mundo"
pois todos já percebiam isso
só de olhar pra mim

— Idiota —

Natália tem pavor de despedidas. É algo estranho, pois até mesmo as despedidas para períodos breves de ausência a perturbam muito. Ela não é apegada às coisas, todo final de ano faz uma faxina joga alguns objetos no lixo, doa o que dá para ser aproveitado por quem precisa, se sente leve depois e não sente falta de nada.

Mas em se tratando de quem ela gosta, ela colocaria todos em uma caixinha na gaveta e não deixaria ninguém sair de lá, inclusive seus cachorros e gatos, e se possível entraria nessa caixinha também e ficaria todo mundo junto o tempo todo sem ir a lugar algum.

Natália chora sempre que tem que dizer "tchau" e geralmente prefere não ir em festas de despedida, porque tem vergonha de ser assim, mas por mais que ela fuja dessa situação, numa bela ironia do destino ela arranjou um namorado que precisa viajar a trabalho com bastante frequência.

Isso foi como arranjar um emprego dos sonhos no décimo nono andar do prédio mais alto da cidade e ter medo de andar de elevador. Natália vai ter que se acostumar e lidar com isso. "Será um treinamento? Uns testes, para eu aprender a lidar com despedidas? Meu Deus, que horrível, ter que me despedir dele!" Ela indagou para si, enquanto checava o mapa-múndi, o fuso horário, a distância em quilômetros e já chorava.

Essa é a primeira vez que ele viaja desde que eles estão juntos. Talvez ela se acostume, talvez não. Talvez seja melhor deixar as lágrimas rolarem mesmo. Afinal, o que há de errado em querer alguém sempre por perto?

— Tchau —

Obrigada pela visita!

Agradecimento

Agradeço a todos que fizeram esse livro ser possível, talvez até mesmo sem saber que ele estava sendo feito.

Aos meus amigos, virtuais ou não, que sempre me incentivaram a fazer esse livro a cada texto curtido, postado e elogiado.

Aos professores e professoras que me ensinaram a ler e escrever.

Aos meus pais, que me proporcionaram educação acadêmica e sempre me incentivaram a estudar.

Ao Marcelo, por acreditar em mim e ser meu fã além de marido.

Às minhas cachorrinhas, Branquinha e Amora, pela companhia de sempre, inclusive enquanto eu escrevia e esboçava a ilustração da capa desse livro.

A toda minha família e pessoas que me cercam de uma forma geral, que me fizeram ser quem eu sou e sentir tudo que sinto, a ponto de todos esses sentimentos, sejam bons ou ruins, virarem livro.

Por último e não menos importante, dedico esse livro à minha sogra Marília, que não tive o prazer de conhecer, e ao meu sogro Eustáquio, que durante o pouco que convivi se tornou um pai em momentos difíceis da minha vida, sempre me recebendo com alegria, limonada e um almoço gostoso em sua casa.

- editoraletramento
- editoraletramento.com.br
- editoraletramento
- company/grupoeditorialletramento
- grupoletramento
- contato@editoraletramento.com.br
- editoraletramento

- editoracasadodireito.com.br
- casadodireitoed
- casadodireito
- casadodireito@editoraletramento.com.br